Impressum

Band 2 der Reihe „Schau, so geht das!"
© 2004 Family Media GmbH & Co. KG, Freiburg i. Br.
2. Auflage 2006
Alle Rechte vorbehalten

Illustrationen: Detlef Kersten
Coverfoto: Christoph Schmotz
Experimente-Fotos: Christoph Schmotz
sonstige Fotos: dpa (8, 22, 32, 42), Arnd Krieg (38),
istockphoto.com (10, 26, 40), NASA (24, 28), NOVA (36), Okapia (16),
Photodisc (12, 20, 34, 44), Michael Rhode (14, 18)

Text und Redaktion: Ulrike Berger
Layout: Anja Schmidt
Repro: Bild & Text Baun, Fellbach
Druck und Bindung: Proost, Belgien

ISBN 978-3-86613-259-7

Die Licht-Werkstatt

Spannende Experimente rund um Licht und Farben

Inhalt

Der Strahl in der Kiste	8	Ein gewaltiger Schatten	28
Das Bild auf dem Lineal	10	Das unsichtbare Licht	30
Ein Spiegel aus Wasser	12	Lösch das Licht aus!	32
Wo geht es zum Licht?	14	Licht hat viele Farben	34
Der Trick mit dem Knick	16	Milch macht Wasser blau	36
Eine Sommer-Uhr	18	Der Filzstift-Wettbewerb	38
Wärme macht Licht	20	Warme und kalte Farben	40
Licht zum Ausgießen	22	Drei Farben ergeben Weiß	42
Das Schattengesicht	24	Die schwarze Tomate	44
Eine Mini-Explosion	26		

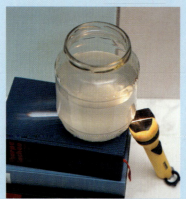

Die Wunder der Welt

Viele spannende Experimente zum Thema Licht und Farben warten in diesem Buch auf euch. Was ihr dafür braucht, gibt es in fast jedem Haushalt. Manche Experimente könnt ihr alleine durchführen, andere gehen leichter, wenn euch jemand hilft. Besonders bei den Versuchen mit brennenden Kerzen sollte immer ein Erwachsener dabei sein! Und falls ein Experiment nicht sofort gelingt: Nicht den Mut verlieren! Einfach probieren, bis es klappt. Forscher brauchen Geduld. Doch es lohnt sich, denn bei jedem Experiment werdet ihr ein wenig mehr von den großen Wundern dieser Welt verstehen!

Der Strahl in der Kiste

Du brauchst:
- einen Karton
- ein großes Wasserglas
- eine Taschenlampe

Schneide an eine Seite des Kartons dicht nebeneinander zwei verschieden große Schlitze. Stelle das Wasserglas in die Kiste nahe an die Schlitze. Leuchte mit der Taschenlampe durch die Schlitze hindurch. Verändere den Platz des Wasserglases.

Was passiert?
Du kannst den Strahlengang genau verfolgen. Er wandert durch das Glas und überkreuzt sich dahinter! An der hinteren Wand erkennst du die zwei Schlitze wieder. Aber sie sind genau vertauscht! Und je nachdem, wo das Glas steht, sind sie schärfer oder verwischt.

Wie arbeitet ein Dia-Projektor?

Im Diaprojektor ist eine Linse. Auch diese verdreht die Strahlen. Deswegen steckt das Dia immer seitenverkehrt und auf den Kopf gestellt im Projektor.
Und durch das Drehen an der Linse wird diese nach vorne oder hinten verschoben – und das Bild wird schärfer!

... und wenn wir die Dias mal anders rum rein legen?

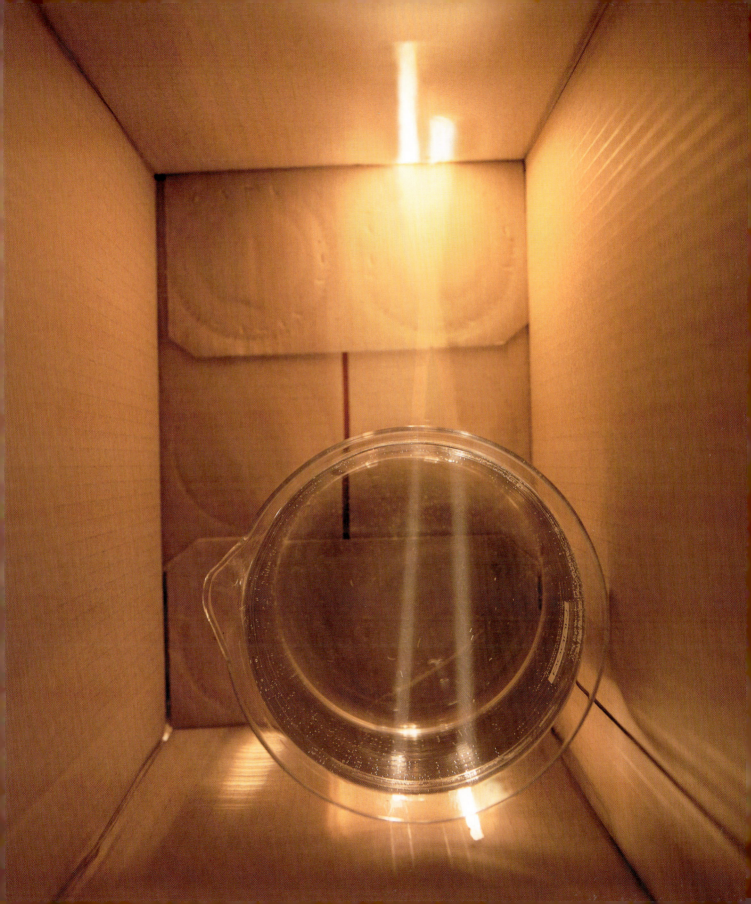

Das Bild auf dem Lineal

Du brauchst:
- einen Diaprojektor
- eine Leinwand
- ein langes Lineal

Baue die Leinwand in der Mitte des Raumes auf und markiere diese Stelle auf dem Boden mit einem Klebestreifen. Dann stellt ihr ein Dia so ein, dass es scharf auf die Leinwand fällt und entfernt die Leinwand. Einer von euch stellt sich nun genau dorthin, wo die Leinwand war, und wedelt mit dem Lineal schnell auf und ab.

Was passiert?
Auf dem Lineal wird immer nur ein kleiner Teil des Bildes abgebildet. Aber weil dein Freund so schnell wedelt, erkennst du deutlich das ganze Bild!

Wie funktioniert Fernsehen?

Das Fernsehbild läuft blitzschnell in 625 Zeilen von oben nach unten – und dennoch hast du das Gefühl, dass ein ganzes Bild vorhanden ist. Denn dein Gehirn vermischt einfach die vielen kleinen Streifen, die es zu sehen bekommt, zu einem ganzen Bild!

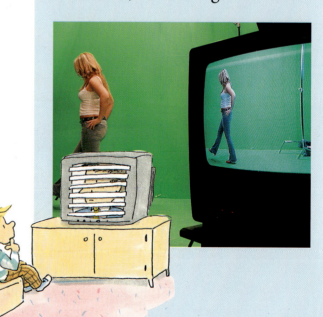

Ein Spiegel aus Wasser

Du brauchst:
- eine Taschenlampe
- schwarzes Tonpapier
- ein großes Glas mit Wasser und Milch

Klebe das Tonpapier vor die Taschenlampe, sodass ein Schlitz zu sehen bleibt. Richte diesen dünnen Strahl in einem abgedunkelten Zimmer schräg von unten gegen die Wasseroberfläche. Das geht leichter, wenn das Wasserglas auf einem Bücherstapel steht. Füge wenige Tropfen Milch in das Wasserglas.

Was passiert?
Der Lichtstrahl wird von der Wasseroberfläche zurückgeworfen. Du kannst den Lichtstrahl genau beobachten. Und wenn du auf die andere Seite guckst, erkennst du deutlich den gespiegelten Lichtstreifen!

Im Sommer am See

Das ist dir bestimmt auch schon aufgefallen: Wenn du im Sommer in einem Boot draußen auf dem See bist, wirst du viel schneller braun. Denn die Wasseroberfläche wirft die heißen Sonnenstrahlen noch einmal zu dir zurück – du bekommst sie also zweimal ab!

Wo geht es zum Licht?

Du brauchst:
- ein Töpfchen mit Bohnensamen oder einer keimender Kartoffel
- einen Karton und Pappstreifen
- Klebeband

Baue in dem Schuhkarton ein einfaches Labyrinth. Setze das Töpfchen an ein Ende des Kartons. Schneide an das andere Ende eine Öffnung und decke den Karton zu. Nun stellst du das Labyrinth ans Fenster, sodass Licht durch die Öffnung scheinen kann, und wartest einige Tage ab. Vergiss aber nicht, das Töpfchen von Zeit zu Zeit zu gießen!

Was passiert?
Der Keimling windet sich langsam durch das Labyrinth bis zur Öffnung hin – immer dem Licht entgegen.

Wachsen Pflanzen nach oben?

Zum Wachsen braucht eine Pflanze nicht nur Wasser, sondern vor allem Licht. Deswegen wachsen Pflanzen dorthin, wo es am hellsten ist, also normalerweise nach oben. Wenn der Weg dorthin nicht frei ist, windet sie sich so lange, bis sie ans Licht gelangt!

So lange kein Deckel drauf ist quäl' ich mich doch nicht durch's Labyrinth...

Der Trick mit dem Knick

Du brauchst:
- einen Trinkhalm
- ein Glas mit Wasser
- etwas Salatöl

Stecke einen Trinkhalm in das Wasserglas und betrachte das Glas von der Seite.
Dann gießt du vorsichtig etwas Salatöl in das Glas – es wird oben auf dem Wasser schwimmen. Wie sieht der Trinkhalm jetzt aus?

Was passiert?
In dem Glas gibt es jetzt zwei verschiedene „Grenzen": zwischen Luft und Öl und zwischen Öl und Wasser. An jeder Grenze wird das Licht abgelenkt, „gebrochen" sagen die Fachleute.
Der Trinkhalm erscheint daher für uns an diesen Grenzen geknickt!

Treffsichere Schützenfische!

Schützenfische, Bewohner Südostasiens, schießen Insekten mit einem gezielten Wasserstrahl ab. Dabei müssen sie beachten, dass ihre Beute nicht dort ist, wo sie „von unter Wasser" zu sehen ist, sondern etwas „um die Ecke geknickt". Junge Fische müssen das erst lernen!

Du brauchst wohl 'ne Brille!

Eine Sommer-Uhr

Du brauchst:
- einen langen Stock
- mehrere kurze Stöcke
- eine lange Schnur

Stecke früh am Morgen den langen Stock in die Erde. Warte bis zu einer vollen Stunde (9 Uhr oder 10 Uhr). Dort, wo dann das Ende des Stock-Schattens hinfällt, steckst du ein kurzes Stöckchen in den Boden und schreibst die Uhrzeit darauf. Binde eine Schnur zwischen die beiden Stöcke. Wiederhole diesen Schritt alle ein bis zwei Stunden, bis die Sonne untergeht.

Was passiert?
Weil der Schatten jeden Tag auf die gleiche Stelle fällt, kannst du am nächsten Tag ganz genau sagen, wie viel Uhr es ist – wenn du auf deine Sonnenuhr schaust!

Warum drehen Uhrzeiger von links nach rechts?

Der Schatten der Sonnenuhr wandert im Kreis herum: von links nach rechts. Sonnenuhren sind die ältesten Uhren der Menschen. Die ersten mechanischen Uhren sollten Sonnenuhren nachahmen. Daher ließen die Erbauer auch hier die Zeiger rechtsherum laufen – im (Sonnen-)Uhrzeigersinn.

Kannst du mir sagen, wie spät es ist?

Wir müssen nur warten bis die Sonne scheint...

Wärme macht Licht

Du brauchst:
- eine Büroklammer
- eine Kombi-Zange
- eine Kerze

Biege die Büroklammer auf. Halte sie mit der Zange in die Kerzenflamme hinein. Berühre den Draht auf keinen Fall mit den bloßen Fingern!

Was passiert?
Nach einiger Zeit beginnt der Draht in der Flamme zu glühen und leuchtet.

Warum sind Glühbirnen heiß?

Um eine Glühbirne zum Leuchten zu bringen, benötigt sie Strom. Leider ist die „Lichtausbeute" dabei sehr schecht. Der Großteil des Stroms geht als Wärme verloren – die Glühbirne wird heiß. Wir Menschen können mit all unserer Technik nur „warmes" Licht erzeugen.

Licht zum Ausgießen

Du brauchst:
- eine Blech- oder Getränkedose
- eine Taschenlampe
- eine Prickelnadel
- etwas Knete

Bohre mit der Prickelnadel ein Loch unten an die Seite der Blechdose. Lass dir dabei helfen! Verschließe das Loch mit Knete. Nun gieße Wasser in die Dose und stelle die Dose an den Rand eines Waschbeckens. Halte die Taschenlampe oben an die Öffnung der Dose und entferne die Knete.

Was passiert?
Die Wassertropfen wirken wie tausend kleine Spiegel und halten das Licht so im Strahl gefangen. Wenn es ausreichend dunkel ist, leuchtet der Wasserstrahl – und das sogar im Waschbecken! Dort, wo der Strahl auftritt, ist ein heller Punkt zu sehen.

Licht durch Glasfaserkabel

Licht kann durch Wasser und auch durch feinste Glaskabel wandern. Das nutzt die Medizin aus. Um in den Magen zu leuchten, wird nur ein Glasfaserkabel eingeführt, die Lampe bleibt außen. Das Licht wandert im Kabel um alle Windungen hinein in den Magen!

Das Schattengesicht

Du brauchst:
- eine Taschenlampe
- weiße und schwarze Pappe

Stelle dich vor einen Spiegel und verdunkle den Raum. Halte die Taschenlampe an eine Seite deines Gesichts und beobachte dich im Spiegel. Dann hältst du an die andere Seite zunächst die schwarze Pappe. Wie sieht dein Gesicht aus? Anschließend probierst du das Ganze mit der weißen Pappe.

Was passiert?
Das Licht der Taschenlampe wird von der weißen Pappe zurückgeworfen. Es trifft die dunkle Seite deines Gesichts und beleuchtet sie. Die weiße Pappe wirkt wie ein Spiegel! Schwarze Pappe leuchtet kaum zurück.

Warum leuchtet der Mond?

In unserem Sonnensystem gibt es nur einen Himmelskörper, der von selbst leuchtet: die Sonne. Die Strahlen der Sonne werden vom Mond wie von einem Spiegel zu uns geworfen. Der Mond strahlt daher manchmal so hell, dass Bäume sogar einen Mond-Schatten werfen können!

Was das soll? Ich muss den Mond noch etwas heller machen!

Eine Mini-Explosion

Du brauchst:
- Streichhölzer
- eine Lupe
- einen Marmeladenglas-Deckel
- etwas Knete

Befestige drei Streichhölzer mithilfe der Knete so in einem Deckel, dass sich die Köpfchen berühren. Richte die Sonnenstrahlen mit der Lupe genau auf die Köpfchen. Nun musst du eine Weile warten.

Was passiert?
Die Strahlen der Sonne erwärmen langsam die Streichholzköpfchen. Nach einiger Zeit werden sie so heiß, dass sie entflammen!

Gefährlicher Sonnenbrand

Die Strahlen der Sonne enthalten nicht nur Licht, sondern auch viel Energie. Diese Energie ist so stark, dass sie nicht nur Streichholzköpfchen verbrennen kann, sondern auch deine Haut! Deswegen bekommst du, wenn du nicht vorsichtig bist, einen Sonnenbrand.

Ein gewaltiger Schatten

Du brauchst:
- eine starke Lampe
- eine Schattenspielfigur

Halte die Figur in den Lichtstrahl und beobachte den Schatten. Bewege die Figur mal näher, mal weiter weg von der Lichtquelle.

Was passiert?
Die Lichtstrahlen treten in Strahlen von der Lichtquelle aus. Dadurch verteilen sie sich im Raum. Je näher die Figur an der Lichtquelle steht, desto größer wird ihr Schatten!

Was ist eine Sonnenfinsternis?

Die Sonne ist fast 400-mal größer als der Mond. Sie ist aber gleichzeitig 400-mal weiter weg von uns als der Mond. Deswegen kann der Schatten des kleinen Mondes die Sonne vollständig bedecken!

Das unsichtbare Licht

Du brauchst:
- eine Infrarot-Fernbedienung
- einen Fernseher oder eine Stereo-Anlage
- mindestens einen Spiegel

Baue die Spiegel so auf, dass du den Fernseher oder die Stereo-Anlage darin erkennen kannst, zum Beispiel „um die Ecke" oder „durchs Treppenhaus". Dann zielst du mit der Fernbedienung auf das Bild im Spiegel.

Was passiert?
Du kannst den Fernseher oder die Stereoanlage ohne Probleme auch aus einem anderen Zimmer bedienen!

Was ist Infrarot?

Wir Menschen sehen nur einen Teil des Lichts: von Rot über Orange, Gelb, Grün, Blau, Indigo bis Violett. Aber daneben gibt es noch anderes Licht, zum Beispiel Ultraviolett oder Infrarot. Manche Tiere sehen auch dieses Licht. Für Bienen sehen Blüten ganz anders aus als für uns!

So siehst du | So sieht eine Biene

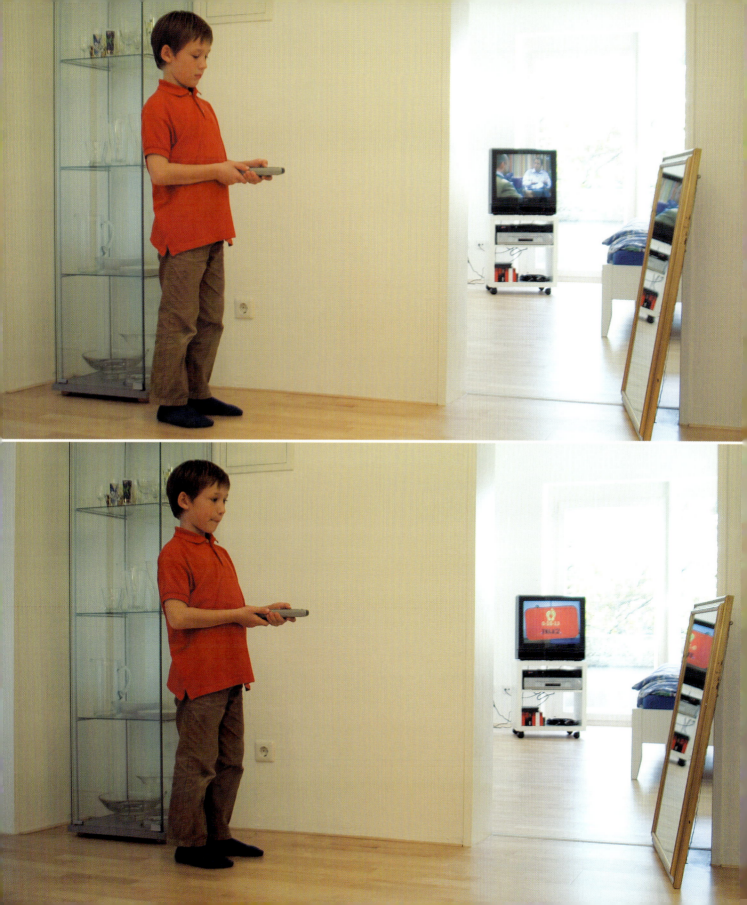

Lösch das Licht aus!

Du brauchst:
- ein hohes Glas
- ein Teelicht
- Backpulver
- Essig
- lange Streichhölzer

Mische in dem Glas einen Teelöffel Backpulver mit Essig. Vorsichtig, es schäumt! Stelle das Teelicht hinein. Nun versuche, das Teelicht mit einem Streichholz zu entzünden.

Was passiert?
Wenn Backpulver und Essig mit einander vermischt werden, entsteht das Gas Kohlendioxid. Dieses Gas erstickt jede Flamme. Daher erlischt das Streichholz, bevor du dich damit dem Docht nähern kannst.

Wie löscht ein Feuerlöscher?

In vielen Feuerlöschern ist nicht Wasser, sondern Kohlendioxid enthalten. Dieses Gas ist schwerer als Luft und sinkt nach unten. Dort erstickt es die Flammen.

Licht hat viele Farben

Du brauchst:
- eine flache Schale
- einen Spiegel
- etwas Knete
- weißes Papier oder Pappe

Befestige den Spiegel mit Knete schräg am Rand der Schale. Fülle die Schale zwei Zentimeter hoch mit Wasser und lass Sonnenlicht auf den Spiegel fallen. Halte weißes Papier daneben.

Was passiert?
Die verschiedenen Farben des Lichts werden an der Wasseroberfläche aufgeteilt, „gebrochen" sagt man. Und plötzlich erscheint auf dem Papier ein Regenbogen!

Welche Farben hat das Licht?

Sonnenlicht sieht für uns weiß aus. Aber eigentlich besteht es aus den Farben Rot, Orange, Gelb, Grün, Blau, Indigo und Violett. Diese verschiedenen Farben erkennst du auch, wenn du auf eine CD schaust. Denn auch die Schutzschicht der CD zerteilt das Licht!

Milch macht Wasser blau

Du brauchst:
- ein Glas mit Wasser
- eine schwache Taschenlampe

Lasse wenige Tropfen Milch in ein Glas mit Wasser fallen. Verdunkle den Raum und schalte die Taschenlampe ein. Leuchte von oben in das Milchglas. Danach von hinten. Welche Farbe hat das Wasser jetzt?

Was passiert?
Das Licht prallt an den Milchkügelchen ab. Dabei zerfällt es in die verschiedenen Farben. Besonders stark prallt das blaue Licht ab. Es schießt dann kreuz und quer durch die Milch: Die Milch erscheint bläulich!
Weil so viel blaues Licht in der Milch hängen beibt, kommt am anderen Ende des Glases nur rötlichgelbes Licht an. Deswegen ist die Milch, wenn die Lampe von hinten scheint, gelblich.

Warum ist der Himmel blau?

Unsere Erdatmosphäre besteht aus vielen kleinen Teilchen, zum Beispiel aus Sauerstoff oder Stickstoff. Wenn Sonnenlicht auf diese Teilchen trifft, passiert das Gleiche wie in der Milch: Das Licht wird aufgeteilt und das blaue Licht jagt kreuz und quer über den Himmel. Bei Sonnenuntergang scheint die Sonne von der Seite – und der Himmel wird gelbrötlich.

Der Filzstift-Wettbewerb

Du brauchst:
- verschiedene Filzstifte
- einen Streifen aus Filterpapier
- ein hohes Glas mit Essig
- einen Bleistift und Tesafilm

Male an das untere Ende des Streifens, ungefähr zwei Zentimeter vom Rand entfernt, mehrere Farbpunkte nebeneinander. Setze unbedingt auch einen schwarzen Punkt! Klebe das obere Ende des Filterpapiers um einen Bleistift. Fülle in das Glas etwas Essig und hänge des Streifen so hinein, dass er gerade den Essig berührt.

Was passiert?
Bald beginnen die Farben nach oben zu laufen. Manche schneller, andere langsamer. Und nach einiger Zeit teilen sich die Farbpunkte auf! Welche Farbpunkte waren „rein", welche teilen sich in verschiedene Farben auf?

Die Farben im Farbdrucker

Habt ihr zu Hause einen Farbdrucker? Dann gucke dir die Tintenpatronen an. Sie bestehen genau aus drei Farben: Rot (Magenta), Blau (Cyan) und Gelb (Yellow). Aus diesen Farben lassen sich alle gewünschten Farben mischen! Nur Schwarz braucht eine Extra-Patrone.

Nicht ganz farbecht, was?

Warme und kalte Farben

Du brauchst:
- zwei Wassergläser
- weißen und dunklen Stoff
- ein Thermometer

Fülle die Gläser mit Wasser. Bedecke eines mit weißem Stoff, das andere mit schwarzem. Stelle beide Gläser in die Sonne. Nach einer Stunde misst du die Temperatur in beiden Gläsern. Welches Wasser ist wärmer?

Was passiert?
Sonennstrahlen bestehen nicht nur aus Licht, sondern auch aus Wärme. Der schwarze Stoff schluckt alle Sonnenstrahlen. Darum ist er dunkel und heizt schnell auf. Deswegen wird auch das Wasser darin schneller warm. Der weiße Stoff wirft alle Sonnenstrahlen sofort wieder zurück.

Warum frieren Eisbären nicht?

Das Eisbärenfell ist farblos (es ist nur scheinbar weiß!) und lässt alle Sonnenstrahlen bis auf die Haut durchscheinen. Und die Eisbärenhaut ist schwarz! Das sieht man gut um die Nase herum. Die Haut wird warm, und so frieren Eisbären im arktischen Winter nicht.

Drei Farben ergeben Weiß

Du brauchst:
- drei Taschenlampen
- rote, blaue und gelbe Folie

Klebe vor jede Taschenlampe eine der drei Folien. Verdunkle den Raum und strahle mit den Taschenlampen auf eine weiße Fläche. Richte dabei die Strahlen so, dass die Farbkreise sich am Boden überschneiden.

Was passiert?
Schau dir besonders die Stellen an, wo sich die Farbkreise überschneiden. Hier ergeben sich immer neue Farben! Und genau in der Mitte, wo alle Farben aufeinander treffen, ist eine weiße Stelle zu sehen.

Die Farben am Bildschirm

Betrachte einen Fersehbildschirm von der Seite. Siehst du die kleinen Pünktchen? Jedes dieser Lichtpünktchen ist aus drei Farben aufgebaut. Aus diesen drei Lichtfarben lassen sich die anderen Farben mischen. Und alle drei Lichtfarben zusammen ergeben Weiß!

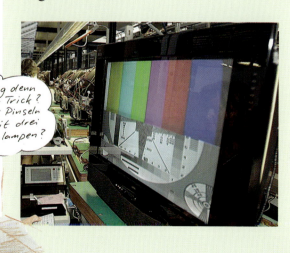

Die schwarze Tomate

Du brauchst:
- rote, blaue und gelbe Folie
- eine Taschenlampe
- einen Karton
- Gemüse in verschiedenen Farben

Schneide an den Rand des Kartons ein Loch, gerade so groß, dass die Taschenlampe hineinpasst. Lege das Gemüse hinein. Bedecke den Karton mit einer der drei Folien und schalte die Lampe ein.

Was passiert?
Je nach Farbe der Folie sind die Gemüsefarben nicht mehr zu erkennen. Blaue Folie macht die Zitrone grün, bei roter Folie ist eine Zucchini schwarz und so weiter.

Warum ist das T-Shirt rot?

Dein T-Shirt ist nur rot, wenn weißes Licht darauf fällt, wenn es also alle Farben bekommt. Dann schluckt der Stoff gelbes und blaues Licht – und gibt nur das rote Licht wieder zurück. Schon sieht das T-Shirt rot aus. Wenn nur blaues Licht darauf fällt, kann das T-Shirt kein Rot mehr zurückstrahlen und es sieht schwarz aus!

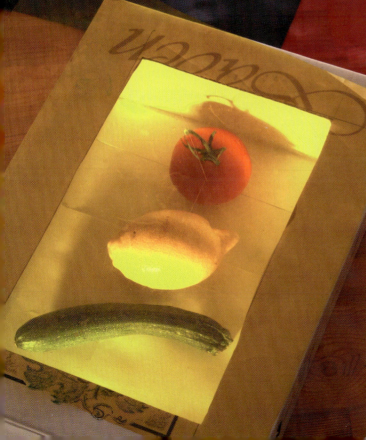

In der Reihe „Schau, so geht das!"
sind bereits folgende Titel erschienen:

Die Klima-Werkstatt
Spannende Experimente
rund um Wetter und Klima

ISBN 978-3-86613-258-2

Die Licht-Werkstatt
Spannende Experimente
rund um Licht und Farben

ISBN 978-3-86613-259-9

Die Wasser-Werkstatt
Spannende Experimente
rund um Eis und Wasser

ISBN 978-3-86613-265-0

Die Hör-Werkstatt
Spannende Experimente
mit Klängen und Geräuschen

ISBN 978-3-86613-266-7

Die Kräfte-Werkstatt
Spannende Experimente
mit Kraft und Gleichgewicht

ISBN 978-3-86613-267-4

Die Sand-Werkstatt
Spannende Experimente
mit Sand und Wasser

ISBN 978-3-86613-268-1

Die Sinnes-Werkstatt
Spannende Experimente
mit Auge, Hand und Ohr

ISBN 978-3-86613-281-0